Virginie Hanna
Amandine Piu

LE JARDIN
DES ANIMAUX
ZINZINS

Éditions
[MiC_MaC]

Dans une ferme joliment décorée, habitent dix animaux qui aiment bien s'amuser. Ils ont chacun leur couleur préférée et ils vont t'apprendre à les nommer. Comme ce sont aussi de petits coquins, ils ont caché des objets que tu peux compter.

Tu vas voir, c'est facile, tu dois juste les suivre. Il se pourrait même qu'aujourd'hui ils préparent un petit secret...

Tourne vite la page !

Hep ! Petite information secrète !
Sur chaque page, tu rencontreras M. Pioupiou !
Il pose toujours des questions amusantes pour voir si tu as compris.
Si tu ne veux pas lui répondre, écoute juste l'histoire !
C'est parti ?

Citrouille, la poule orange, reçoit toute la basse-cour dans sa grange et offre du jus d'orange fabriqué avec une machine étrange.

- Mon ami Amidon est un glouton. Il va certainement apprécier mon petit cocktail oranges-fruits de la passion. Je vais me changer pour lui apporter ce verre et on se retrouve de l'autre côté…

Coucou je suis M. Roupiou ! Ne t'en va pas comme ça, j'ai besoin de ton aide ! Désolé, j'ai perdu mes lunettes ! Peux-tu m'aider et me dire combien il y a de machines ici ? Dis-moi aussi tout ce qui est orange dans l'image !

Citrouille et Amidon, le petit cochon rose et rond comme un bonbon, mangent deux gros melons en jouant de l'accordéon.
En voilà deux amis réjouis !

- Mais d'où vient tout ce bruit ? Allons voir ce qui se passe…

Attends un peu ! Je ne vois pas combien il y a d'accordéons, tu les vois, toi ?
Peux-tu me dire tout ce qui est rose avant de partir ?

Saturnin, le chien clown aux poils rouges, jongle avec trois tomates en faisant des bulles :

- Attention, que personne ne bouge !
- Arrête de faire des bêtises ! Viens vite jouer à cache-cache avec nous… on va bien s'amuser…

S'il te plaît ! Ne te cache pas tout de suite !
Dis-moi plutôt combien il y a de bulles ?
Peux-tu nommer tout ce qui est rouge ici ?

Juju, la tortue *verte* comme une laitue, grignote quatre petits pois verts comme des choux crus.

- Ah ah ! rit Juju la tortue, vous êtes bien cachés, rangez vos petits nez, sinon je vais les grignoter ! Je viens vous aider à vous changer et on va tous les quatre se promener…

Peux-tu m'aider à retrouver nos amis, ils se sont cachés !
Tu sais dire de quelle couleur ils sont ?
Ah oui, j'oubliais, il faut aussi compter les choux dans le jardin.

- Scrogneugneu, dit Sacha, le chat *bleu*. Des cafards ont mis le bazar dans mes jeux. Il me manque cinq balles bleues ! Vous ne pouvez pas m'aider à ranger un peu ?

- Turlututu, dit Juju la tortue, tu t'en occuperas plus tard, allons tous les cinq écouter notre ami Gaspard…

Dis-moi, combien vois-tu de jeux ?
Sais-tu retrouver les balles ?
et me montrer ce qui est bleu ?

Gaspard, le canard jaune assis sur six nénuphars,
prend sa guitare pour chanter un air aux têtards de la mare.
Tout le monde a un air rieur, il n'y a pas l'ombre d'une bagarre.

- Quelle est cette senteur, ce ne serait pas l'heure du goûter ?
disent six amis affamés…

Avant d'aller goûter, peux-tu encore m'aider ?
Je ne vois pas plus loin que le bout de mon bec !
Aide-moi juste à compter le nombre de têtards
et dis-moi ce qui est jaune dans l'image !

Pistache, la vache à taches **noires**, assise sur une balançoire,
grignote sept tablettes de chocolat à la poire.
- Venez-vous asseoir et accompagnez-moi, je sers le café noir !
Sept petits bedons bien ronds à la queue leu leu vont se promener
pour digérer, bras croisés, menton levé…

Non, non, avant de manger ce qu'il y a sur la table,
peux-tu compter le nombre de taches sur la vache ?
Et me dire combien il y a de tasses ?
Ah oui, montre-moi tout ce qui contient du noir
dans l'image et tu auras peut-être du chocolat !

7

CHOCOLAT
A LA POIRE

Molleton, le mouton blanc, se lave les petons et le menton, puis se fait huit petites couettes en forme de coton.

- Incroyable comme je sens bon !
- Pouah ! Mais quelle est cette odeur ! crient les huit amis en choeur…

Tiens, tiens, sais-tu me dire combien il y a d'amis ?
Et peux-tu trouver tout ce qui est blanc dans l'image ?

8

Patachon, le lapin *marron*, baisse son pantalon pour faire neuf petits ronds.

- Oh, le petit cochon ! On ne fait pas ça derrière les buissons ! Va te changer, tu dois être beau et sentir bon !

Les neuf copains s'en vont avec chacun un petit paquet caché dans le dos. Mais qu'est-ce qu'ils peuvent bien faire ? CHUT ! Suis-nous…

Ne va pas si vite, compte d'abord le nombre de buissons ? Et nomme tout ce qui est marron.

Tutti Frutti, la souris *grise*, prépare un gâteau à la cerise car aujourd'hui est un jour de…

- SURPRISE ! crient les dix compagnons réunis.

- Que c'est bon d'être avec tous ses amis, ça colore la vie !

Coucou ! Tu as vu ? J'ai retrouvé mes lunettes !
Chouette, je vais pouvoir vérifier que tu ne te trompes pas !
Allez, ne sois pas timide, maintenant que tu connais
beaucoup de couleurs, nomme-les l'une après l'autre
et dis-moi combien il y a d'amis, d'accord ?

Quelle belle fête ! Citrouille et Pistache s'occupent de servir les boissons. Juju installe un joli buffet de salades composées. Sur le beau fagot de bois, Amidon et Gaspard se sont mis à jouer de la musique. Sacha a ramené ses jeux et Saturnin apprend à jongler à qui veut.

Mais que font Molleton, Tutti Frutti et Patachon ? Ils dansent, bien sûr ! Et nous préparent une belle chenille !

De beaux bruits tanguent dans la nuit. On doit entendre cette fête loin dans les champs. Peut-être même que la musique berce les autres animaux et insectes qui habitent juste à côté dans le pré des bébêtes pas bêtes !

Bientôt, tu pourras les découvrir, dès que tu auras envie d'apprendre à écrire.

Dans
la même collection :

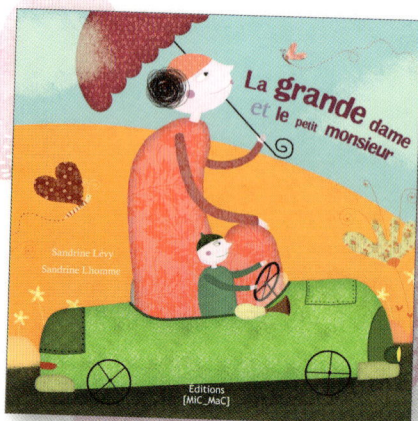

La **CHAT** qui avait peur des **OMBRES**

éditions
[MiC_MaC]

La **grande** dame
et le petit monsieur

Sandrine Lévy
Sandrine Lhomme

Éditions
[MiC_MaC]

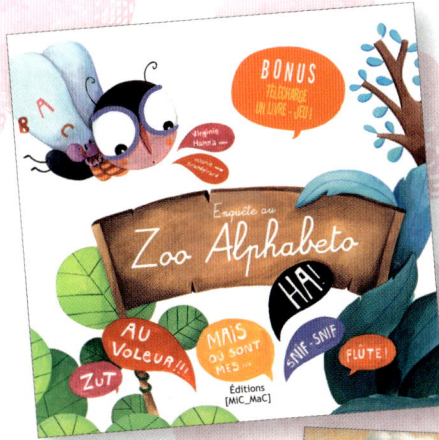
Enquête au
Zoo Alphabeto

BONUS
TÉLÉCHARGE
UN LIVRE - JEU !

Virginie Hanna

A B C

HA!

AU
VOLEUR!!!

MAIS
OÙ SONT
MES...

SNIF-SNIF

FLÛTE!

ZUT

Éditions
[MiC_MaC]

GODVILA - AMÉLIE THIÉBAUD

La Princesse
qui rêvait tout le temps
et autres contes de fées

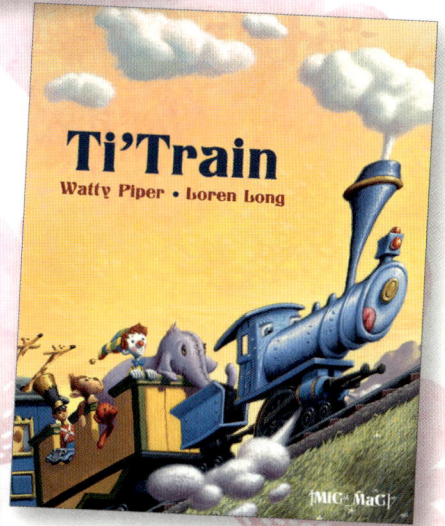
Ti'Train
Watty Piper • Loren Long

[MiC MaC]

http://www. editions-micmac. com

© Éditions [MiC_MaC], WAL SARL, 2011

ISBN : 9782362211133

Tous droits réservés.
Aucune reproduction, même partielle, de ce livre
n'est autorisée sans l'accord écrit de l'éditeur.
Conforme à la loi n° 49.956 du 16 juillet 1949
sur les publications destinées à la jeunesse.
Imprim en Chine.
Dépôt légal : Août 2011.